SOUVENIRS

D'UN

RÉVOQUÉ

1889-1890

DOCUMENTS POLITIQUES

Une Révocation — Le Syndicat des Révoqués
Le Marquis de Morès
Mon Arrestation — Election Municipale
Conclusion — Post-Scriptum.

Prix : 2 Francs

CLERMONT-FERRAND

IMPRIMERIE TYPO-LITHOGRAPHIQUE A. RICHET, ÉDITEUR

Place de la Treille, 3

1890

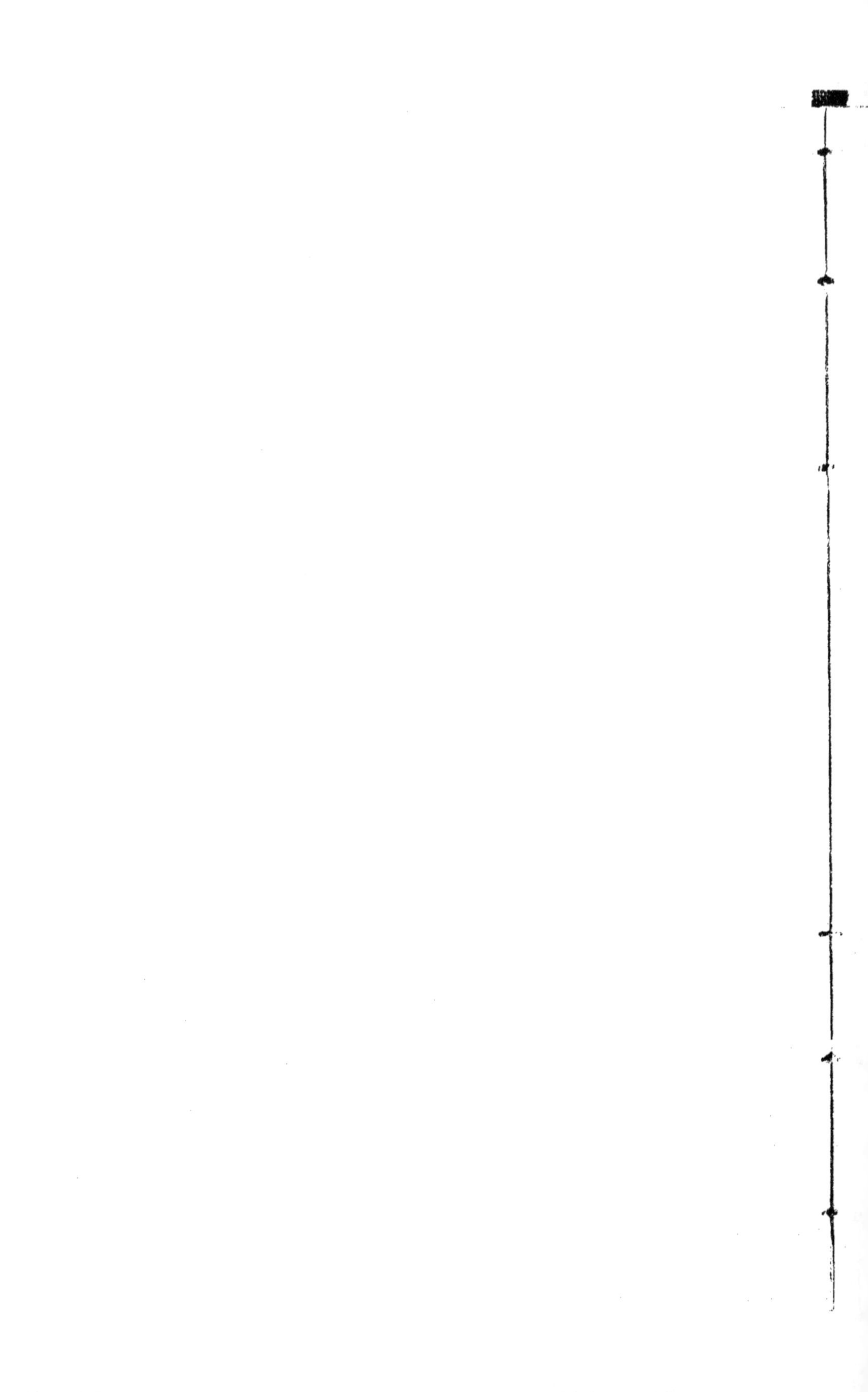

JE DÉDIE

CETTE BROCHURE DOCUMENTAIRE

A

MES 981 ÉLECTEURS

RÉVISIONNISTES

DE 1890

PREFACE

—

Cette brochure est personnelle. Je la fais paraître pour mes futurs électeurs. Ils comprendront ainsi ce que j'ai été, ce que je suis, ce que je veux être.

Je conseille au grand public de ne pas la lire.

Ça l'ennuierait.

CH. MORDACQ.

UNE RÉVOCATION

Le 24 août 1889, sans avertissement préalable, sans jamais avoir été l'objet de mesures disciplinaires, après sept ans d'administration, dont deux comme attaché au cabinet du Secrétaire général, M. Bourgeois, je reçois communication de l'arrêté suivant qui m'enlève mon unique gagne-pain et me jette dans la politique militante.

SERVICE CENTRAL
DU PERSONNEL

RÉPUBLIQUE FRANÇAISE
LIBERTÉ - ÉGALITÉ - FRATERNITÉ

Préfecture de la Seine

LE PRÉFET DE LA SEINE,

Vu l'arrêté réglementaire du 15 Décembre 1883 ;
Le Secrétaire général de la Préfecture entendu ;

ARRÊTE :

ART. Ier. — M. MORDACQ Charles-Henri, Commis-Expéditionnaire de 5e classe à la Caisse municipale, est révoqué de ses fonctions.

ART. II. — Le Secrétaire général de la Préfecture est chargé de l'exécution du présent arrêté.

Pour ampliation :
Pour le Secrétaire général,
Le Conseiller de Préfecture délégué,

Fait à Paris, le 24 août 1889.

Signé : POUBELLE.

J'envoie aux 2,000 employés de la ville, la protestation suivante. Une insertion dans les journaux peut suffire pour faire punir un militaire. Or, je suis appelé comme réserviste le 28 du même mois.

AUX EMPLOYÉS DE LA PRÉFECTURE DE LA SEINE

PROTESTATION

Monsieur et cher Camarade,

« Admis au concours, en 1883, dans les bureaux de la Préfecture de la Seine, je viens d'être révoqué brutalement, d'une façon arbitraire sans précédents, et avec un jésuitisme indigne de notre caractère d'employés parisiens intelligents.

» Cela à la veille de ma période d'instruction militaire (car je pars le 28 comme réserviste au Mans), ce qui me met dans l'impossibilité de me défendre par la plume contre les calomnies et les insinuations malveillantes d'une presse opportuniste qui érige le mensonge en principe.

» Cette circonstance constitue une lâcheté de plus à l'actif des ignobles personnages qui nous gouvernent.

» Je crois avoir toujours mérité les sympathies

de mes collègues et de mes chefs, à l'exception : 1° du triste Favalelli, le Corse mâtiné d'Anglais, dont j'ai subi la haine inintelligente et la morgue faite d'incapacité, et 2° de l'*adjoint-maire* du 2e arrondissement, le Juif opportuniste Aaron que je méprise.

» Un récent jugement, condamnant un de mes diffamateurs, m'a d'ailleurs délivré des soupçons qu'on aurait voulu faire planer sur mon honorabilité.

» M. Poubelle a donc été forcé de me révoquer simplement pour *boulangisme*. Je n'en garde pas rancune à ce vieillard endormi, car il n'est que le valet exécuteur des basses œuvres de ses maîtres.

» Je sais par expérience de journaliste que le sort d'un modeste employé (même de la Ville), n'intéresse que très médiocrement le grand public parisien.

» Aussi, ne lui adresserai-je pas directement ma protestation. C'est devant tous mes collègues menacés peut-être du même sort que je proteste hautement contre cette infâmie. Elle est maladroite, car elle jette dans l'opposition militante (et ardemment militante) un homme qui n'a jamais manqué à ses devoirs envers le gouvernement et la municipalité, et n'y aurait jamais manqué, tout en estimant, en admirant et en soutenant la politique du général Boulanger, ce qui constitue aussi un devoir actuellement, à mon avis, même pour un employé. Je ne saurais trop vous engager, quelle que soit votre opinion, à prendre bonne note de ce petit incident administratif et à réfléchir sur le sort qui vous attend, vous, travailleur et père de famille peut-être, le jour où vous voudrez tant soit peu, devant une injonction insolente et provocatrice, faire acte d'indépendance, tout en restant dans la limite de vos droits acquis. A ce point de vue, ma protestation aura pu vous être utile.

» Veuillez agréer, Monsieur et cher camarade, l'assurance de mes meilleurs sentiments.

» CHARLES MORDACQ,
(ROLLA)
PUBLICISTE INDÉPENDANT »

10, Rue Gay-Lussac

Les journaux apprécient cela différemment, suivant *leurs attaches* et leurs tempéraments,

Je cite la note communiquée à la plupart des feuilles ministérielles.

« M. Poubelle vient de révoquer un employé de la préfecture de la Seine. M. Charles Mordacq, qui écrivait sous le pseudonyme de Rolla.

« M. Mordacq est l'auteur de plusieurs chansons boulangistes, chantées dans les cafés-concerts, chansons où le gouvernement de la République était grossièrement injurié. »

Je n'ai jamais insulté qui que ce soit, dans mes chansons. Je mets au défi l'employé du gouvernement, rédacteur de cette note, de prouver l'exactitude de ce qu'il avance.

Parmi les témoignages de sympathie qui m'arrivent de toutes parts, je cite la lettre suivante de M. Souchon, agent général de la *Société des Auteurs et Compositeurs*, bien placé pour me connaître à ce point de vue.

« J'ai lu avec regret la nouvelle de votre révocation.
» Je ne sache pourtant pas que vous ayiez fait du mal

» à quelqu'un par vos chansons. Enfin, il faut ici-bas
» beaucoup de philosophie... »

Le *Paris* du 21 mai suivant devait remettre la question sur le tapis, sous la signature de M. Montorgueil (Caribert). Je rectifie en ces termes dans la presse, et le *Paris* lui-même insère ma rectification.

« A Monsieur le directeur du *Paris*.

» Monsieur,

» Je m'aperçois aujourd'hui seulement de l'existence
» d'un article consacré à ma modeste personnalité
» (numéro du 24 mai).

» Je ne suivrai pas M. Montorgueil sur le terrain
» de la fantaisie. En temps opportun, je lui ferai sa
» biographie, moi aussi.

» Je vous prie seulement de rectifier deux assertions
» de ce jeune homme.

» 1° Il prétend que je contraignis jadis les mar-
» chands ambulants à vendre mes chansons. Dans ma
» situation d'attaché au secrétariat de la préfecture,
» c'eût été une indélicatesse : *c'est absolument faux.*

» Par jugement récent, même démenti a été infligé
» à un individu, le sieur Prouté, coloriste, rue Saint-
» Jacques, condamné sur ma plainte pour avoir émis
» la même assertion.

» 2° Je n'ai jamais été révoqué pour ce motif, mais
» bien pour avoir écrit au Général.

» Agréez mes salutations. »

« MORDACQ. »

Je fais mes 28 jours comme caporal au 117e, au Mans.

De retour des grandes manœuvres, je trouve le cinquième arrondissement en pleine campagne électorale.

M. Lenglé, avec un comité de jeunes rédacteurs du *Pays*, fait une série de réunions très intéressantes contre le candidat officiel, M. de Lanessan.

Je me jette dans la bagarre, et après avoir posé à M. Lenglé certaines questions qu'il était de mon droit et de mon devoir de lui poser, je me rallie nettement à sa candidature que je soutiens principalement dans les réunions adverses.

Je reçois la lettre suivante de M. Lenglé :

« Cher Monsieur,

» Je vous remercie cordialement. Je vous prie de
» croire qu'il n'y a dans mon esprit aucun doute sur
» la sincérité du concours que vous voulez bien donner
» à ma candidature, et que je n'aurai aucune peine à
» faire partager ma confiance à mon comité. »

« Votre tout dévoué »

« LENGLÉ »

Voici un extrait du *Pays*, à cette époque :

Le citoyen Mordacq demande au citoyen Lenglé s'il est disposé à s'engager à ne jamais trahir la République.

Le citoyen Lenglé répond immédiatement qu'il ne lui est pas difficile de prendre un pareil engagement; voilà des années qu'il déclare que la République est le gouvernement nécessaire de la démocratie et qu'il repousse, comme un danger national, toute restauration monarchique.

Le citoyen Mordacq se déclare satisfait et engage les électeurs à voter pour le citoyen Lenglé.

*
* *

J'ai fait paraître quelques articles dans le *Pays*. Je cite le suivant pour mémoire :

CLASSÉS !

« Un journal du matin, qui n'était pas précisément anti-boulangiste il y a quinze jours, prétend que le parti révisionniste peut prendre place dans les cartons où l'on met d'habitude les dossiers d'affaires qui ne peuvent aboutir.

» Heureux, ce confrère, de pouvoir ainsi donner à ses fluctuations commerciales ces apparences de sincérité, qui feraient croire parfois à la sienne.

» Si la bonne feuille était mieux informée, elle constaterait que tout Paris s'élève en ce moment, par son attitude, contre le *classement* en question. La démocratie parisienne se sent atteinte par toutes les mesures prises contre elle depuis le 27 janvier.

» Elle comprend que tout ce qui s'est passé depuis cette époque n'est que le résultat de la peur épouvantable de Constans devant cette affirmation de la capitale.

» Le journal en question sera forcé de constater avant peu qu'on ne gouverne pas contre Paris.

» Ce serait un précédent sans égal.

» Déroulède nous contait l'autre soir avec humour et gaîté les péripéties de sa candidature en province, l'opposition farouche et systématique des rats opportunistes rongeant le fief électoral comme un simple fromage de Hollande.

» Déroulède est vainqueur et nous ne le serions pas à Paris qui n'a jamais été le fief des tripoteurs et des faux républicains ! Ah ! vous allez voir si nous sommes classés !

» Petit bonhomme vit encore, menaçant les opportunistes, et vous êtes dans la position de ce duelliste américain qui cherche son adversaire à travers bois et qui a commis l'imprudence de tirer au hasard les six cartouches de son revolver.

» Nous avons encore les nôtres.

» Prenez garde !

» Et qu'on me permette, pour finir, cette comparaison qui rendra bien notre pensée commune.

» Un homme sain et bien portant, de *bonne constitution*, traverse la rue où passe un tombereau d'immondices. Il est renversé, presque écrasé, mais on le relève, on le soigne et il affirme d'autant plus sa vitalité que les roues ont pesé plus lourdement sur son corps meurtri. Cet homme c'est le boulangisme, celui qui le relève, c'est le peuple, et le tombereau c'est la Haute-Cour.

» Je défie bien M. Constans de le faire passer une deuxième fois sur notre route, quand bien même il monterait sur le siège en souvenir de son ancien métier.

Charles Mordacq. »

*
* *

M. de LANESSAN est élu député.

J'adresse, quelque temps après, cet appel aux électeurs de la 2me circonscription du 5me arrondissement.

AUX ÉLECTEURS DE LA 2me CIRCONSCRIPTION
(5e ARRONDISSEMENT)

MONSIEUR ET CHER CONCITOYEN,

» Après avoir, en pleine assemblée électorale, posé nettement des questions indispensables au candidat du comité national, nous avons soutenu dans notre circonscription, par discipline, autant que par sympathie pour notre cause, très sincèrement d'ailleurs, après des déclarations catégoriques, la candidature de M. Paul LENGLÉ. Malgré l'apostille officielle du Général BOULANGER, cet ancien député avait rencontré, il est utile de le rappeler, des oppositions jusqu'au dernier moment, irréconciliables, sans lesquelles il eut été élu certainement, car les opposants faisaient partie de la masse considérable des mécontents. Certains boulangistes même se sont abstenus en cette circonstance.

» Toutes nos sympathies lui restent acquises, car nous conservons les mêmes sentiments plus inébranlables que jamais à l'égard de notre chef incontesté, le Général BOULANGER. Nous aurions voulu le voir revenir au milieu de nous il y a quelques semaines, en dépit des conseils perfides ou intéressés et malgré certaines difficultés matérielles contre lesquelles l'énergie et la volonté doivent prévaloir. Nous espérons encore aujourd'hui le *coup de balai* qui s'impose.

» Nous avons été de ceux qui le lui ont conseillé à

maintes reprises. Après avoir répudié hautement les alliances réactionnaires dans une réunion où nous attestions devant M. de LANESSAN et ses électeurs, le républicanisme de son adversaire, nous sommes heureux de constater que les événements nous ont donné raison.

» Oubliant les fautes commises et pensant qu'il est encore temps de les réparer, nous sommes prêts à soutenir vigoureusement le chef du parti national dans *son œuvre de salubrité* compromise un instant par des manœuvres maladroites et des trahisons imprévues.

» Nous pensons aujourd'hui que, vu l'état des esprits et en considération des événements probables, il y a place dans notre région pour un comité indépendant révisionniste et par dessus tout *anti-opportuniste* qui ne recevrait le mot d'ordre d'aucune coterie et composé de notables du quartier, agirait d'après les sympathies du plus grand nombre, dans un intérêt absolument local, en tenant compte cependant du point de vue national patriotique.

» Nous vous invitons à vous rallier à nous dans la campagne que nous allons entreprendre en vue des prochaines élections municipales et législatives. Nous demandons l'adhésion de tous les honnêtes gens et nous avons le ferme espoir de justifier leur confiance.

» Nous nous adressons principalement aux humbles, aux persécutés, aux dédaignés, qui sont pourtant d'un poids considérable dans la balance du suffrage universel :

» Aux ouvriers, qui attendent vainement de leurs mandataires spéciaux la réalisation des programmes que ceux-ci oublient avec une trop grande désinvolture ;

» Aux employés, qui réduits à l'état de machines sont exposés à la pire des dictatures, celle de l'arbitraire, et qui ne peuvent, même en faisant leur devoir, sauvegarder les droits acquis et malgré leur courage, subvenir aux premières nécessités de l'existence.

» Aux petits Commerçants écrasés par la concurrence des grands magasins et pour lesquels le gouvernement actuel n'a rien fait et ne fera jamais rien, quand il aurait pu améliorer leur situation par une simple modification de la loi des patentes.

» A tous ceux qui pensent que nous avons assez des gens qui depuis quinze ans ruinent et déshonorent notre pays, des phraseurs sans idées, des agioteurs sans scrupules, des ambitieux sans valeur et des allemands de la haute finance qui tiennent le haut pavé de la capitale.

» Nous faisons appel à l'indignation publique en présence de la Liberté violée, de la Fraternité méconnue et de l'Egalité bafouée par les exploiteurs de cette République que nous aimons par dessus tout, assez même pour la guérir par une amputation si cela devient nécessaire.

» A ceux qui hésiteraient en présence du succès factice de cette Exposition devant laquelle on songe au festin donné par le banquier véreux à ses actionnaires qu'il va ruiner, à ceux qui croient aux promesses opportunistes déjà faites et jamais réalisées, nous rappellerons les iniquités récentes, les crimes qu'on se raconte tout bas, l'impudeur systématiquement employée pour atteindre le but, le mépris ouvertement manifesté des sanctions populaires et l'action infâme qu'on essaye de perpétrer en ce moment même : l'oubli de Metz et de Strasbourg et l'alliance tacite avec ceux qui nous ont souffletés il y a vingt ans. Nous voulons un gouvernement fort, respecté chez nous comme à l'étranger.

» Nous croyons que, seule, la séparation absolue du pouvoir exécutif et du pouvoir législatif permettra la solution de la question ouvrière, car seulement alors on obtiendra des résultats immédiats au lieu des vaines promesses familières au parlementarisme.

» Nous insérons en tête de notre programme, la *Révision par une Constituante*.

» C'est avant tout autre le premier résultat à obtenir et nos efforts y tendront énergiquement.

» Nous ajouterons qu'en présence de la conversion inexplicable du Conseil Municipal vers l'opportunisme nous sommes plus que jamais partisan de l'autonomie communale avec ses conséquences.

» Veuillez agréer, Monsieur et Cher Concitoyen, l'assurance de nos sentiments distingués.

» Charles MORDACQ, publiciste
» *Ex-attaché de cabinet*
» *Fonctionnaire révoqué de la Préfecture de la Seine.* »

10, Rue Gay-Lussac

*
* *

LE SYNDICAT DES RÉVOQUÉS

Il est fondé le 20 Novembre 1889, sont nommés :

Mérienne, délégué ; Achille Boulogne, secrétaire ; Mordacq, trésorier ; Simon, capitaine Sauclières, Fabre des Essarts, Coulom, Delaunay et Raffignon, membres du bureau.

Le 2 décembre, l'ordre du jour suivant, déposé par le citoyen Mordacq, est voté à l'unanimité :

« Les employés révoqués, réunis en assemblée » générale, après avoir pris connaissance des entre- » filets des journaux stipendiés, affirment de nouveau » leur inébranlable confiance dans la sollicitude du » chef du Parti national.

« Ils refusent les condoléances de la presse » vendue et méprisent les insinuations hypocrites » des journaux qui trahissent le gouvernement qui » les paye en préparant sa chute prochaine.

« Ils adressent leurs remerciements au député » Louis de Belleval qui s'est occupé particulièrement » de leur situation. »

Le 4, paraît la lettre suivante du Général Boulanger :

Hôtel de la Pomme-d'Or, Jersey
Saint-Hélier, le 4 décembre 1889.

Monsieur le Président,

« J'ai pris connaissance de l'ordre du jour voté, à l'unanimité, dans la séance du 30 novembre.

« Cet ordre du jour m'a vivement touché et je vous

adresse, ainsi qu'à M. Mordacq qui l'a déposé, mes bien sincères remerciements.

« J'ai constaté, avec le plus grand plaisir, qu'il faisait justice des infâmies, des calomnies répandues par mes adversaires.

« Vous avez tous reconnu, et je vous en suis reconnaissant, qu'aucun oubli de ma part n'avait permis la saisie des quelques lettres qui ont servi aux révocations. Vous avez compris qu'un employé m'avait trahi, et que la responsabilité des révocations ne pouvait m'être attribuée.

« Le gouvernement a su acheter un misérable ; lui seul est le coupable.

« Veuillez dire à vos amis que toutes les fois que je pourrai leur procurer un emploi, je ne les oublierai pas.

« Je suis bien éloigné de la France, pour que mes relations me permettent de les placer comme je le désirerais, mais ils peuvent toujours s'adresser à moi, je serai toujours heureux de leur donner une recommandation.

« Tenant à vous prouver tout l'intérêt que je porte à votre jeune association, je vous envoie, ci-inclus, *deux cents francs* que vous mettrez dans votre caisse pour subvenir à vos besoins.

« Je regrette vivement de ne pouvoir faire plus pour le moment.

« Veuillez remercier tous les amis de leur dévouement, et recevez, Monsieur le Président, l'assurance de mes meilleurs sentiments.

« GÉNÉRAL BOULANGER. »

***

Le 16 :

« Les employés révoqués, méprisant profondément
» les hypocrites réflexions du *Figaro*, du *Temps*,
» du *Paris*, du *Radical* et autres feuilles momenta-
» nément au service de M. Constans, envoient de
» nouveau leur sympathie au général Boulanger;
» affirment leur confiance absolue dans ses loyales
» déclarations, et se déclarent prêts à continuer la
» lutte, non-seulement pour l'existence, mais pour
» l'avènement prochain de la République nationale. »

***

Le 29, nouvelle lettre de Jersey.

Hôtel de la Pomme-d'or, à Jersey.
Saint-Hélier, le 29 Décembre 1889.

Mon cher Mordacq,

J'ai reçu votre lettre me donnant des renseignements sur les dernières réunions tenues par les révoqués, et m'exposant l'état de votre caisse.

Les différentes décisions qui ont été prises sont excellentes et, grâce à votre esprit de solidarité, vous parviendrez, j'en suis certain, à trouver des emplois. D'un autre côté, la caisse de votre syndicat sera très utile pour soutenir ceux qui parmi vous sont pressés par le besoin.

En ce moment il est difficile de trouver une occupation et la rigueur de la saison rend toujours l'attente plus dure. Aussi, je suis heureux de pouvoir donner un témoignage de toute ma sympathie à vos camarades, et je vous envoie la somme de cinq cents francs que vous verserez dans la caisse de votre syndicat.

J'ai le regret de ne pouvoir faire plus, mais c'est avec plaisir que je donne à vos amis, aux victimes du néfaste et tyrannique régime opportuniste, une preuve de tout l'intérêt que je leur porte.

Qu'ils comptent toujours sur moi, je ne les oublierai pas.

Recevez, mon cher Mordacq, l'assurance de mes meilleurs sentiments.

Général BOULANGER.

*
* *

Après cette lecture qui a soulevé les applaudissements de l'assemblée, le trésorier du syndicat a proposé l'ordre du jour ci-après, lequel a été adopté par acclamation :

Les fonctionnaires révoqués, réunis en assemblée générale le 4 Janvier 1890, remercient du fond du cœur le général Boulanger de la sympathie qu'il leur témoigne, ils ont confiance en lui, non seulement pour le présent, mais encore pour un avenir très prochain.

Ils resteront sur la brèche, combattants de la bonne cause fiers de leur revocation et pleins de mépris pour l'ignoble gouvernement qui ne tardera pas à faire place à la vraie République, celle des hommes de 89, que nos pères nous ont appris à aimer et dont le régime actuel n'est que la honteuse parodie.

Le Syndicat affirme sa ligne de conduite (extrait de la *Cocarde* du 10 janvier).

L'assemblée a décidé que des secours provisoires pourraient être accordés, après avis favorable du syndicat, aux membres qui sont en possession d'une minime retraite ou d'un petit emploi, si leur situation est particulièrement intéressante en raison de maladies dans leur famille ou du grand nombre d'enfants qu'ils ont à leur charge.

Il a été ensuite discuté la part que pouvait prendre le syndicat au point de vue de la campagne électorale prochaine.

A l'unanimité, l'assemblée a décidé que le syndicat des fonctionnaires et employés révoqués, n'ayant eu pour seul but, lors de sa formation, que de s'efforcer de procurer des emplois à ceux de ses membres qui en sont dépourvus, ou de leur venir en aide par les dons qui sont faits à la caisse. ne s'occuperait pas de politique active en tant que groupe constitué, mais que chacun de ses membres en particulier avait le droit de participer à la défense de la cause révisionniste boulangiste dans les circonscriptions où il y aurait des députés ou des conseillers municipaux à élire.

Par acclamation, un ordre du jour a été voté, adressant à tous les membres du Comité républicain national, sans exception, l'assurance de la sympathie et de la confiance la plus absolue que le Syndicat a en eux.

La prochaine réunion a été fixée au samedi 11 janvier, sans convocation personnelle.

*
* *

Le 1er Février, il est établi sur des bases plus solides.

Les statuts, établis sur des bases sérieuses, ont été discutés et votés à l'unanimité.

On a procédé ensuite à l'élection d'un bureau définitif.

Ont été nommés : Président, Ch. Mordacq ; vice-président, Catherin ; secrétaire, Boulogne ; secrétaire-adjoint, Andrès ; trésorier, Faillet ; trésorier-adjoint, Lebeau ; archiviste, Mérienne. »

*
* *

Le 22 Février,

Le syndicat des révoqués affirme de nouveau son entière confiance dans le bureau constitué.

Composé en grande partie d'anciens combattants de 1870, qui se sont vu voler leur pain après avoir prodigué leur sang, il envoie aux Français d'Alsace-Lorraine, au sujet des dernières élections, ses félicitations et l'expression de sa sympathie, aussi vraie, aussi forte que leur mépris pour les Allemands de Paris.

Quelques extraits des Journaux du 11 Mars

La Cocarde :

Hier a eu lieu, à la *Brasserie européenne* de l'avenue Lowendall, la matinée-conférence en faveur des employés frappés pour leurs opinions révisionnistes.

Ainsi que nous l'avons annoncé, la présidence était dévolue au général Boulanger. La présidence effective était attribuée au citoyen Mordacq, fonctionnaire révoqué de la préfecture de police.

La salle

La salle était décorée d'écussons et de drapeaux. La foule se pressait, aussi nombreuse qu'au dernier banquet de l'avenue de Wagram. La plupart des boutonnières étaient fleuries d'œillets rouges.

L'entrée de nos amis Millevoye, Farcy, Laguerre, soulève, comme toujours, d'unanimes applaudissements. Chacun des représentants du Parti national est l'objet d'une longue ovation.

La réunion ne s'est ouverte qu'à deux heures et demie.

Les discours

Tout d'abord, le citoyen Mordacq donne lecture d'une lettre du général Boulanger, dans laquelle l'illustre proscrit affirme son ardente sympathie pour la cause des victimes de l'intolérance parlementaire.

Puis, M. Millevoye prend la parole sur ce sujet douloureux : la participation de la France — la France officielle, — bien entendu, — à la conférence de Berlin.

Nous ne pouvons, dit-il, en substance, aller à Berlin que pour y être dupes ou complices. Pour moi, je pense que nous ne devons y aller qu'avec quinze cent mille baïonnettes !

« Cette Chambre, conclut l'éloquent orateur, est affaissée à ce point qu'elle ne supporte plus que l'on prononce devant elle le nom de l'Alsace-Lorraine ! »

Un tonnerre de bravos accueille ce magnifique mouvement d'indignation patriotique.

M. Laguerre a fait l'éloge des révoqués, dont le dévouement est un exemple vivant pour tous nos amis.

Différents orateurs sont ensuite montés à la tribune, parmi lesquels il convient de citer MM. Desmarets, ancien bâtonnier des avocats de Paris, O. Justice, etc. .

Notre ami Antonin Louis a donné une nouvelle audition de sa *Marche boulangiste*, dont le refrain a été repris en chœur.

La réunion s'est terminée vers six heures aux cris de : Vive Boulanger ! Vive l'Alsace-Lorraine ! Vive la République !

* * *

La Presse :

Le citoyen Mordacq, président du syndicat des révoqués, déclare la séance ouverte.

Près de lui ont pris place, sur la tribune, les citoyens Laguerre, Farcy, Millevoye, Desmaret, ancien bâtonnier de l'ordre des avocats ; capitaine Apté, Crié, Auschitzky, Mérienne, Dr Lunel, Marius Poulet, etc.

Un excellent orchestre joue la *Marseillaise*, que tous les assistants écoutent debout.

Le président de la réunion, notre ami Mordacq, après avoir donné lecture d'une lettre du général Boulanger, prononce une brillante allocution pour remercier, au nom de toute l'assemblée, les députés de leur présence à cette fête toute patriotique et républicaine.

* * *

Le Démocrate :

Vers deux heures et demie, une immense acclamation retentit, saluant l'entrée de nos amis Laguerre, Millevoye, Farcy, Crié, Mordacq, Mérienne, Desmaret, etc.

Le citoyen Mordacq prononce quelques paroles sur la vitalité du Parti National.

* * *

Quant aux journaux du gouvernement, ils insultent ou raillent très lourdement. C'est à la suite de certains articles de ce genre que je fais voter l'ordre du jour suivant qui est inséré, comme d'habitude, par toute la presse révisionniste.

Les fonctionnaires révoqués pour cause politique, agissant dans la plénitude de leur fierté, de leur indépendance et de leur honnêteté, passées au crible de la misère, protestent à la face de tous les employés de France, soucieux de leur dignité, contre les procédés d'un gouvernement qui introduit au milieu d'eux des traîtres ou des dissolvants, afin de dénoncer leurs projets politiques, de les déconsidérer dans l'opinion publique ou, ce qui est plus grave encore, dans celle des membres du Parti national. Avec l'aide du bureau constitué, qui a leur entière confiance, ils sauront les découvrir et les exécuter comme ils viennent de le faire à l'égard de plusieurs mouchards de la police.

Ils envoient à la presse vendue, complice de ces déloyautés, et notamment à M. La Tour, rédacteur du *Radical*, l'expression de leur profond mépris.

Ils remercient le grand Paris intelligent de la manifestation sympathique faite en leur faveur.

Ils remercient la ville de St-Quentin, qui, la première de la province, vient d'organiser en faveur des révoqués, un banquet où le syndicat sera représenté.

Ils envoient, une fois de plus, aux députés Naquet, Laguerre, Millevoye, Farcy, de Belleval, qui ont fait leur devoir, et aux camarades O. Justice, Apté, Desmaret, Autchisky, Millant et Marius Poulet, l'assurance de leur gratitude, et au Général, celle de leur fidélité inaltérable et jamais interrompue.

(*Cocarde*, 17 mars 1890).

*
* *

Le 2 Mai, je reçois les lettres suivantes :

Saint-Brelad's Villa-Jersey,
le 2 mai 1890.

Monsieur le Président,

J'ai été très sensible aux vœux que vous m'avez adressés au nom des membres du syndicat des révoqués, à l'occasion de la saint Georges.

Soyez, je vous prie, mon interprète pour leur transmettre mes sincères remerciements.

Dites-leur combien je suis touché de la sympathie et du dévouement qu'ils me témoignent.

Je les remercie des efforts qu'ils ont faits pendant la période électorale, et je compte toujours sur eux pour combattre le gouvernement dont ils sont les victimes.

Recevez, Monsieur le Président, l'expression de mes meilleurs sentiments.

GÉNÉRAL BOULANGER.

Mon cher ami,

Vous avez eu la bonne pensée de convoquer, au lendemain des élections municipales, les meilleurs, les plus vaillants de nos amis, ces intrépides révoqués dont aucune menace, aucune violence administrative n'a pu faire fléchir la fierté de caractère, l'indépendance de l'âme.

Fidèles à leur foi politique, inébranlables dans leur espérance nationale, ils supportent le poids de la mauvaise fortune, des privations même, et ils laissent à l'avenir le soin de les justifier. La cause qui inspire de pareils dévouements, est grande et juste : elle ne périra pas.

Avant peu, nos adversaires eux-mêmes rougiront des indignes outrages qu'ils ont répandus sur un soldat qui a laissé au ministère de la guerre l'ineffaçable trace de son incomparable activité, de son puissant patriotisme. Ils se rappelleront qu'il avait mérité la haine et l'injure des journaux allemands, et que de tels souvenirs auraient dû le rendre respectable à tous les patriotes français.

Ils reconnaîtront enfin, que cette grande doctrine de la République nationale, honnête, ouverte et progressive, ne pourrait disparaître, sans mettre en péril l'honneur et les intérêts les plus sacrés de la Patrie.

Quant à nous, serrons les rangs autour du drapeau pour lequel nous avons lutté, souffert ; sur lequel nous avions inscrit des espérances immortelles, des principes auxquels nous ne renoncerons jamais. Attendons, préparons par notre énergie et notre discipline, l'heure des réparations.

Nous continuons à nous appeler d'un beau nom : « La réconciliation nationale et sociale ». Laissons d'autres partis se dénoncer, se déchirer, et bientôt peut-être se proscrire. Ayons confiance dans le cœur et dans la raison du peuple : Appuyés à Paris sur 141,000 suffrages, nous gardons la légitime ambition de ramener à nous l'opinion de tous les bons citoyens.

Vive la République nationale !

Vive le général Boulanger !

Lucien MILLEVOYE.

Je fais voter successivement les deux ordres du jour que voici :

« Les révoqués affirment leur foi dans l'avenir réparateur.

» Ils restent fidèles à leur sympathie et sont certains de l'approbation des honnêtes gens de tous les partis »

*
* *

« Les révoqués envoient, plus que jamais, aux proscrits de Jersey et de Londres, l'assurance de leur dévouement et de leur fidélité qui ne s'est jamais démentie ! »

Voici trois ordres du jour de Juin.

Les révoqués pour cause politique se déclarent plus que jamais partisans de la lutte des humbles travailleurs sans travail contre les arrogants désœuvrés qui leur refusent le droit de vivre.

Ils ont foi dans un avenir réparateur, inévitable pour un peuple désabusé qui comprendra bientôt que l'existence même de la République est mise en danger par les gens actuellement au pouvoir. Ils envoient à tous les exilés, à tous les proscrits, à toutes les victimes de l'injustice et de l'arbitraire encore impunis, le salut fraternel des malheureux et l'assurance de la solidarité qui les fera vainqueurs et justiciers.

Les révoqués protestent de nouveau contre les calomnies répandues contre eux et qui leur ferment parfois les portes de ceux qui voudraient les accueillir.

Ils invitent les révisionnistes à s'informer exactement avant de se faire les propagateurs de bruits inconsidérés. Ils s'adressent à leur solidarité pour leur procurer du travail.

Ils témoignent à Constans qui les empêche de vivre, leur sentiment d'irréconciliable animosité.

Ils renouvellent à leur bureau constitué, leur confiance et leur sympathie.

Les révoqués envoient aux exilés l'assurance de leur fidélité inébranlable. Ils blâment sévèrement les quelques camarades inconscients qui semblent, par leurs absences réitérées désespérer de l'avenir de la cause qu'ils défendaient jusqu'alors avec énergie. Ils comprennent mieux que tous autres les exigences de la misère, mais ont conscience de ce que la dignité leur impose et jugent à leur véritable valeur les fausses réintégrations qui leur sont actuellement proposées.

En juillet, j'envoie de Londres ma démission de Président.

*
* *

Extrait de la *Presse :*

LES RÉVOQUÉS

M. Mordacq nous écrit pour nous faire connaître qu'il a donné sa démission du syndicat des révoqués :

Je dirai en temps et lieu, dit-il, à ceux qui sont en droit de me le demander, les motifs de cette décision, que je prends avec le regret poignant de ne pouvoir continuer la lutte pour la vie avec mes camarades. »

Aujourd'hui je donne ces motifs.

En fin juillet dernier, le syndicat ne comptait plus que neuf membres.

Il restait un véritable révoqué pour cause politique, trois ou quatre révoqués pour indélicatesse ou insuffisance notoire, dont je n'ai jamais pu débarrasser le syndicat où ils étaient entrés par surprise, et enfin, trois ou quatre policiers émargeant toujours à la préfecture de police, seuls survivants du nombreux personnel de mouchards dont le gouvernement nous avait gratifiés, alors que nous étions parfois, dans la période électorale, plus de trente membres présents à une seule réunion de quartier. Je considère actuellement comme dissoute cette association qui rendit de véritables services au parti, en fournissant des agents électoraux dont le zèle était d'autant plus grand qu'il était, la plupart du temps, absolument désintéressé.

La gratuité des services électoraux était d'ailleurs un principe primordial pendant toute la lutte ! Les députés qui ont payé les services de certains révoqués, l'ont fait en dehors du syndicat.

Pour ma part, je n'ai jamais touché un sou de

qui que ce soit pour avoir prêté mon concours dans une élection.

J'aurais désiré qu'ils eussent eu la possibilité d'agir de même.

Malheureusement, il en est dont la femme et les enfants n'acceptent pas ces désintéressements.

Jamais indulgence ne fut mieux méritée que par ceux-là.

Si ma main s'est retirée de celle des policiers, dès que je les ai découverts, elle est restée dans la main des vaillants camarades dont les souffrances physiques et morales méritent une inévitable compensation.

Ils ont été à la peine. Je les connais et les apprécie, ayant eu leurs dossiers sous les yeux. Je les signalerai à qui de droit, quand viendra leur tour d'être à l'honneur.

Le Syndicat des révoqués a prouvé son utilité à plusieurs points de vue.

Il a soutenu un grand nombre de malheureux.

Il a affirmé victorieusement la solidarité du parti révisionniste à Paris et permis à plusieurs combattants de cette vaillante phalange de résister aux offres du gouvernement qui leur accordait une amnistie complète au prix de leur trahison.

Il a vaillamment mené la campagne dans les batailles électorales de cette époque et surtout pour la réélection des invalidés de Paris.

J'ai pris la parole en son nom comme au mien dans les circonscriptions d'Ivry pour le révoqué de Belleval, de Neuilly pour Laur, du 13e pour Paulin Méry et du cinquième arrondissement pour Naquet.

Partout le délégué des révoqués a reçu un accueil flatteur pour le syndicat.

La communication suivante fut insérée à différentes reprises dans les journaux amis :

Le Comité républicain national s'est préoccupé du sort des nombreux employés qui ont été révoqués pour s'être montrés favorables à la politique du général Boulanger.

Le Comité adresse, en leur faveur, un pressant appel à tous les commerçants, à tous les industriels de France qui appartiennent à notre parti, ou qui, n'y appartenant pas, placent les questions d'humanité au-dessus des passions de la politique.

Il leur demande de lui faire connaître les emplois dont ils pourraient disposer en faveur de ces honnêtes citoyens si cruellement frappés, pour leur permettre de subvenir aux besoins de leurs familles, et les dédommager de ce qu'ils ont perdu.

Les offres d'emplois de toute nature que les commerçants et les industriels voudront bien faire parvenir au Comité, sont reçues par les secrétaires de ce dernier :

M. LENGLÉ, 11 bis, rue Montaigne.

M. ELIE MAY, 48, rue Paradis.

Elles seront transmises par eux au syndicat

*
* *

Cette note ne produisit aucun résultat.

Il ne fallait compter que sur soi-même, décidément.

Les révoqués organisèrent une matinée-conférence dont on a lu le compte-rendu. J'ajoute seulement que le résultat fut inespéré : 1500 francs environ, aussitôt répartis.

Par contre, certains industriels n'eurent pas honte de recruter à peu de frais un personnel par l'insertion suivante demandée gratuitement par eux aux journaux qui défendaient les révoqués.

Cocarde du 13 janvier 1890 :

AUX RÉVOQUÉS

Une Société d'assurances en formation, désireuse de s'entourer d'un personnel sérieux et intelligent, donnera la préférence aux fonctionnaires et employés révoqués pour faits politiques.

Elle demande :

1° Douze inspecteurs, directeurs divisionnaires chargés chacun de sept départements;

2° Un agent général par chaque arrondissement de Paris et canton de la banlieue;

3° Un agent général par chaque ville et canton.

Appointements fixes, gratifications et remises.

Ecrire de suite, en joignant un timbre pour la réponse, à M. Achille Boulogne, 20, rue Jean-Nicot, Paris.

Je signalai ces procédés au mépris des honnêtes gens, et je fis faire cette contre-insertion dans la *Presse*.

Les révoqués sont invités à se mettre en garde contre certaines agences véreuses qui, prenant leur situation pour prétexte, font gratuitement insérer dans les journaux du parti, dont ils surprennent la bonne foi, des annonces destinées à recruter un personnel à peu de frais.

Plusieurs membres du syndicat ont été mis en demeure de fournir un cautionnement, et sur leur refus, évincés au profit d'autres individus non révoqués, que l'annonce avait attirés.

*
* *

Voici deux articles parmi ceux que j'ai consacrés aux Révoqués :

LES RÉVOQUÉS

« Sur le champ de bataille immense, la lutte est terminée. Ce n'est pas la dernière, car la campagne est longue et difficile, et les vaincus sont toujours forts. On les reverra s'avancer plus résolus, plus vaillants que jamais, quand le tambour battra, quand le clairon sonnera l'heure des revanches inéluctables.

» Nous sommes les blessés de la bataille, Monsieur Constans. Nous nous dressons de toute la hauteur de notre haine devant votre innommable dictature, contre les valets que vous prenez pour soldats, contre cette puissance aux pieds d'argile que nous briserons avec nos amis, quand viendra le moment du suprême coup d'épaule.

» Nous nous sommes unis en syndicat. Vous le savez, car nous avons exécuté vos espions. Jusqu'ici, nous avons donné *à manger* aux camarades. Maintenant, nous allons leur donner *à se venger*.

» On ne joue pas impunément avec l'existence des humbles à Paris surtout. Paris vous l'apprendra.

» Nous avons à notre tête de solides clairons d'avant-garde qui sonneront âprement à l'aurore de la bataille et joyeusement au soir de la victoire.

» Nous sommes les *sous-offs*, les bons, qui vont encadrer les troupes révisionnistes à l'assaut de vos injustices et de vos turpitudes.

» Il est déjà vieux, notre jeune syndicat ; il a vécu double par la tristesse et le désespoir. Ils sont si longs les jours sans pain !

» Tant qu'il restera un seul révoqué, l'on pourra dire : « Le vieux clairon sonne encore ! »

» Il sonne pour les revendications des droits de Paris, pour les libertés françaises, pour l'effondrement de l'édifice opportuniste, pour l'avènement de la République nationale et les réparations dues au général Boulanger.

» CH. MORHACQ. »

***

RÉVOQUÉS ET RENÉGATS

« L'observation suivante a été faite dans maintes réunions à plusieurs révoqués ou à leurs défenseurs : lorsqu'un ouvrier a trahi son patron, celui-ci le chasse. Les révoqués ont trahi Constans, il avait bien le droit de les chasser.

» Je ne répondrai qu'un mot : Le patron du révoqué c'est le contribuable. De quel droit un intermédiaire, qu'il s'appelle Constans ou autrement, déclare-t-il qu'un employé mérite d'être condamné à la misère parce qu'on abandonne la cause d'un ministère néfaste qu'il n'avait jamais, d'ailleurs, promis de défendre.

» Cette promesse elle-même, n'eût-elle pas été un manquement grave à ses devoirs si, d'après la théorie gouvernementale, un fonctionnaire doit s'abstenir de manifester ses opinions politiques.

» Cette duplicité des révocations, agrémentée d'un acte de lâcheté, jette un jour sur l'attitude dictatoriale de ces gens renégats de leurs programmes, renégats de leurs convictions, renégats de leur passé tout entier.

» Allez donc, traîtres à la République, taisez-vous et n'essayez pas de justifier votre arbitraire scandaleux ?

» Vous pouvez marcher de pair avec ces fonctionnaires, qui m'insultaient l'autre jour et qui, faisant ainsi acte de valets, méritent d'être méprisés, parce qu'ils m'appellent traître en pleine réunion publique, et méritent d'être révoqués puisqu'ils s'occupent aussi de politique.

Ch. Mont[illegible] »

* * *

LE MARQUIS DE MORÈS

MON ARRESTATION

Une curieuse personnalité !

Quelques semaines avant les élections municipales j'entre en relations avec le marquis de Morès, duc de Vallombrosa. Voici comment ;

Certains révoqués, poussés par le besoin, étaient allés le trouver pour solliciter quelques secours et n'avaient point fait part de leur démarche au syndicat, c'était anti-statutaire.

Je fus trouver le marquis et le priai de me signaler les délinquants si le fait se reproduisait.

Puis nous causâmes. Nous nous étions écouté réciproquement parler à la fameuse réunion de Neuilly. De là, sympathie naissante qui se traduisit par un : « Voulez-vous être mon secrétaire particulier ? » du socialiste au révoqué.

Je répondis par une autre question :

« Puis-je rester boulangiste avec vous ? »

Le marquis me dit alors : « Je suis socialiste et je veux lutter contre M. Constans. Vous pouvez garder votre opinion particulière en marchant parallèlement au même but que moi. » Puis il m'exposa ses théories socialistes. J'ai fait, depuis, plus d'une réserve à leur sujet, quand il a passé d'une saine théorie à une folle pratique. En somme, la situation était nette, les réponses à mes conditions absolument suffisantes. J'acceptai.

Quelque temps après, j'entrai rue Ste-Anne où je fus spécialement chargé d'organiser la permanence politique.

J'avais une idée : je caressais une espérance que l'avenir a trompée.

J'espérais unir la fortune des Morès à la popularité du général.

Bien manœuvré, c'eût été un levier puissant contre l'ennemi commun et cela eut évité de regrettables compromissions qu'on avait le tort de regarder comme nécessaires.

On verra plus loin les raisons qui ont fait échouer ce beau projet. Un scrupule seul m'avait arrêté un instant dans ma tâche.

Le marquis de Morès était-il, suivant l'avis du général, un agent orléaniste destiné à désorganiser les troupes boulangistes.

Pourquoi cette désorganisation, me disais-je ?

D'ailleurs, une réponse catégorique du gentilhomme, en présence de plusieurs témoins, de Susini entre autres, m'avait soulagé complètement la conscience à cet égard. C'était donc bien une alliance offensive et défensive contre M. Constans, avec la conviction pour moi que je ne faisais pas inconsciemment le jeu de la réaction contre la république (ma république, celle que je rêve et non pas l'autre, bien entendu).

Cette alliance me plaisait doublement car elle me permettait d'étudier de près et peut-être de rendre utile à la bonne cause cette personnalité curieuse de gentilhomme socialiste qui eût pu faire beaucoup et n'a rien donné de sérieux dans un duel qui eût exigé, contre un adversaire au pouvoir, des qualités d'expérience, d'énergie et de volonté d'égale valeur pour le moins.

Les élections municipales approchaient. On allait renouveler l'inconséquence du baron de Mackau aux élections des conseils généraux. On allait porter sur le terrain politique, une question qui, même à Paris, vu les dernières déceptions, devait être portée fatalement par les électeurs sur un terrain absolument local en dépit du courant boulangiste qui, jusqu'à un certain point, avait conservé, par ci, par là, sa puissance primitive.

La partie était engagée. Il n'y avait pas à reculer.

Le soldat doit marcher et non pas discuter.

Le 19 mars, j'avais signé le reçu que voici : c'est textuellement le même que signèrent tous les candidats soutenus par le marquis :

Reçu de M. de Morès, le devis n° 19 pour 1258 fr. en affiches, imprimés, bulletins de vote, affichage et distribution des professions de foi, avec bulletins de vote aux électeurs, plus cinq cents francs en argent, pour les frais de mon élection au conseil municipal, en mai 1890. Je m'engage à me présenter comme candidat socialiste révisionniste et à demander dans ma profession de foi l'établissement par l'État d'une institution de prêts aux syndicats ouvriers et la convocation d'une haute cour de justice pour rechercher et punir les accapareurs et les voleurs de la fortune publique. Je m'engage aussi à travailler de toutes mes forces et par tous les moyens à l'élection d'une constituante pour réviser la constitution et le code.

Fait en double à Paris, ce 19 mars 1890.

Certifié conforme : Morès *sic*.

Tout cela était déjà dans mon programme.

Un appoint pécuniaire n'était pas à dédaigner. Je fus fidèle à mon engagement, mais de Morès ne me pardonna point de m'être abstenu dans son absurde campagne antisémite à laquelle Paris n'a encore rien compris, et pour cause.

D'un autre côté, je fus, pendant mon séjour rue

Sainte-Anne, un peu trop *chien de garde* vis à vis des faux socialistes et des mouchards qui voulaient exploiter de Morès et qui, furieux de mon hostilité, me représentèrent comme l'espion de Naquet et de Rostchild.

L'insinuation est assez originale pour mériter d'être signalée. C'est assez méprisable pour qu'on puisse en rire simplement.

Bref, il y avait *du tirage*, comme on dit vulgairement, entre de Morès et moi, quand je fus brusquement arrêté la veille du 1er mai.

Je cède la place au rédacteur de l'*Intransigeant*, dont le récit est fort exact.

Arrestation du citoyen Mordacq

Vers onze heures du soir, le citoyen Mordacq, candidat révisionniste dans le quartier du Val-de-Grâce, rentrait tranquillement chez lui avec sa femme, rue Gay-Lussac, 10, lorsqu'il fut accosté à la porte de sa maison par deux individus en bourgeois.

Ces deux personnages, après avoir déclaré au citoyen Mordacq qu'ils étaient agents de police, exhibèrent un mandat d'amener, délivré contre lui et signé Atthalin.

Le citoyen Mordacq fit observer qu'il y avait sans doute erreur et que le nom porté sur le mandat était mal orthographié. Les agents maintinrent que c'était bien lui qu'ils étaient chargés d'arrêter.

Vainement le candidat révisionniste demanda à rentrer un instant chez lui, les argousins de Constans s'y refusèrent absolument. Ils consentirent seulement à pénétrer dans un café voisin, où le citoyen Mordacq put constater avec le plus profond étonnement, qu'il était arrêté sous l'inculpation « d'excitation au pillage et de provocation des soldats à la désobéissance. »

Le citoyen Mordacq fit remarquer aux agents que rien ne lui garantissait leur qualité. L'un d'eux exhiba sa carte d'agent, pendant que le second allait requérir deux gardiens de la paix.

Le citoyen Mordacq, victime de cette véritable attaque nocturne, fut donc obligé de suivre jusqu'au poste du Panthéon. les quatres malfaiteurs qui venaient de l'arrêter.

Après avoir subi un court interrogatoire, le citoyen Mordacq a été écroué au Dépôt.

Voici le fac-simile du plus stupéfiant des documents judiciaires.

MANDAT D'AMENER
CONTRE
MORDACQ

TRIBUNAL DE 1re INSTANCE
DU DÉPARTEMENT DE LA SEINE

De par la Loi,

Nous, Atthalin, juge d'instruction au Tribunal de 1re instance du département de la Seine, mandons et ordonnons à tous huissiers ou agents de la force publique. d'amener devant nous, en se conformant à la loi, le nommé

MORDACQ Charles,

inculpé de provocation et d'attroupements, pour être entendu sur les faits à lui imputés.

Provocation à des armes *(sic)* de meurtre, de pillage, d'incendie ; provocation à des militaires. (Lois du 7 Juin 1848, et du 29 Juillet 1881).

Requérons tout dépositaire de la force publique. de prêter main-forte, s'il en est requis, pour l'execution du présent mandat, par le porteur d'icelui ; à l'effet de quoi nous l'avons signé et scellé de notre sceau.

Fait au Palais de Justice, à Paris, le 28 Avril, mil huit cent quatre-vingt-dix.

Pour copie conforme,

Le Commissaire de Police :

*
* *

Extrait de l'*Intransigeant* :

LES REVOQUÉS

Les révoqués, réunis en assemblée générale, le 30 avril, salle Lintzer, 24, avenue La Motte-Piquet.

1° Protestent énergiquement contre l'arrestation arbitraire dont a été victime, en pleine période électorale, leur sympathique et courageux président, Charles Mordacq, candidat au Val-de-Grâce ;

2° Engagent fortement les électeurs de ce quartier à voter au scrutin de ballottage, pour le citoyen Mordacq, dont le dévouement a été et sera toujours à l'abri de toute critique ;

3° Protestent également contre la mise en demeure adressée par Q. de Beaurepaire au citoyen Achille de Boulogne, leur dévoué secrétaire, d'avoir, avant jugement définitif, en le menaçant d'arrestation, à se constituer prisonnier, le 3 mai, veille du scrutin de ballottage;

4° Affirment une fois de plus leurs sentiments révisionnistes et leur espoir profond de voir revenir bientôt de l'exil leur chef aimé, le général Boulanger, dont la présence est devenue nécessaire pour la suprême victoire.

Vive la République nationale !

De la *Presse* du 1er Mai.

MORDACQ EN LIBERTÉ

Nous avons annoncé l'arrestation de notre ami Mordacq, qui était candidat revisionniste au Val-de-grâce.

Mordacq était secrétaire de M. de Morès. C'est ce qui a motivé, paraît-il, son arrestation. Il a passé la nuit au commissariat de la rue des Feuillantines.

Hier, après avoir subi quelques interrogatoires, il a été relaxé à neuf heures du soir. Aucune charge sérieuse n'a pu être relevée contre lui.

De l'*Intransigeant*, même date :

La soirée

Le mandat d'amener décerné contre MM. de Morès et Mordacq signé par M. Atthalin, juge d'instruction, contient les chefs d'accusation suivants :

1° Provocation à des attroupements ;

2° Provocation au meurtre, au pillage et à l'incendie :

3° Provocation à des militaires.

La provocation à des militaires est prévue par la loi du 29 juillet 1881.

Dans la journée d'hier une perquisition a été faite au domicile du citoyen Mordacq, par M. Dulac, commissaire aux délégations judiciaires ; cette perquisition n'ayant révélé l'existence d'aucun document de nature à compromettre le candidat du Val-de-Grâce, M. Mordacq, a été mis en liberté à sept heures et demie du soir. Cette arrestation, à la veille du scrutin de ballottage, ressemble fort à une manœuvre électorale.

Les arrestations

Dans l'après-midi, Gegout, Malato, Belin, avaient été écroués au Dépôt, les deux premiers, à l'issue du procès dont nous avons parlé hier, le troisième pour s'être opposé à l'arrestation de ses camarades.

Un autre groupe, composé de MM. de Morès, Mordacq, Cabot Cuisse, Pol, Martinet, Prévost et Prodi, a été également incarcéré au Dépôt. Tous les sept sont sous le coup d'une double inculpation :

1° Provocation adressée à des militaires dans le but de les détourner de leurs devoirs et de l'obéissance qu'ils doivent à leurs chefs dans tout ce qu'ils leur commandent pour l'exécution des lois et règlements militaires.

C'est le délit prévu par l'article 25 de la loi du 29 Juillet 1881 sur la presse.

2° Les mêmes inculpés sont poursuivis en vertu de l'article 6 de la loi du 7 juin 1848 pour provocation à des attroupements.

Le marquis de Morès et son secrétaire, M. Mordacq, sont

prévenus d'avoir coopéré à ces faits, qualifiés crimes et délits, en fournissant les sommes nécessaires pour l'impression des divers appels incriminés.

La *Lanterne* imprima gravement ceci :

Les individus arrètés

Les individus arrètés sont au nombre de dix. Ce sont le marquis de Morès, son secrétaire Mordacq, Cuisse. Martinet, Prévost. Prodi, Cabot, Dumont, dit Ricard, et Grave.

Le marquis de Morès et Mordacq sont prévenus d'avoir coopéré aux crimes et délits visés par les lois de 1881 et de 1848, en fournissant les sommes nécessaires pour l'impression de divers appels révolutionnaires.

Nouvelles perquisitions

Des perquisitions ont été faites au domicile de toutes les personnes arrêtées.

M Dulac s'est rendu 10, rue Gay-Lussac, dans l'appartement de M. Mordacq, pendant que M. Clément perquisitionnait 28, rue Croix-Nivert, dans le logement de Dumont, l'un des trois individus arrêtés dans l'imprimerie clandestine.

De nombreux manifestes excitant les soldats à la révolte ont été saisis.

Chez M. Mordacq, on a saisi de volumineux dossiers, se composant de lettres fort curieuses de boulangistes et de blanquistes, ainsi que des ballots de chansons de propagande boulangiste.

Cassagnac écrivit sous le titre de *Juste méfiance* :

« L'histoire de M. de Morès, de M. Mordacq et de quelques » autres, nous paraît par trop cousue de fil rouge. »

Et Rochefort, en parlant de Constans *(Fabrique de complots)* :

« En vrai capitaine de voleurs, il a, du reste, assuré sa » ligne de retraite ; s'il ne se passe rien, il dira aux gâteux

» de la majorité : « Ce calme, vous le devez uniquement aux
» mesures que j'ai prises. »

« S'il se produit la moindre alerte, il prendra son plus bel
» accent du Midi pour répéter au naïf Carnot : Zuze un peu
» ce qui serait arrivé si je n'avais pas fait arrêter Mordacq
» et le marquis de Morès. »

Mermeix fit un article très spirituel et le plus vrai, résumant le mieux la situation. Il avait pour titre : *La noce des Mouchards*, avec cette restriction : « Je n'accuse, bien entendu, ni le marquis de Morès, ni Mordacq. »

L'autorité fit paraître l'Interview suivant auquel je n'ai rien à reprendre, sauf le qualificatif d'antisémite, que je n'ai pas prononcé :

Chez M. Mordacq

On sait que M. Mordacq, secrétaire de M le marquis de Morès, a été arrêté l'autre jour en même temps que lui.

Remis en liberté avant-hier, nous avons été lui demander des renseignements qu'il nous a fournis avec une bonne grâce parfaite.

— Dans quelles conditions avez-vous été arrêté ?

— Je revenais du théâtre, avec ma femme, lorsque vers onze heures et demie, deux agents des brigades de recherches, m'accostèrent devant ma porte, rue Gay-Lussac; je crus d'abord à une plaisanterie, à une mauvaise farce d'étudiants, à un tel point que je refusai de suivre les agents avant de m'avoir montré leur carte, leur mandat d'amener, et je réclamai au surplus, deux gardiens pour me conduire au poste, ce qui fut fait.

« Au bas du mandat d'amener, je lus à ma stupéfaction, la prévention de : « provocation à des militaires à des armes de meurtre (textuel !) de pillage et d'incendie ! »

« Je passai la nuit au poste et le lendemain je fus interrogé par MM. Dulac et Atthalin, qui basèrent leur accusation sur ma simple qualité de secrétaire de M. le marquis de Morès. Cette accusation était tellement inepte que je fus immédiatement relâché.

« A propos de ma situation de secrétaire du marquis de Morès, il est des réserves que je tiens essentiellement à faire.

« J'ai pour le marquis de Morès la plus vive affection et la plus grande estime et ces sentiments n'ont fait que grandir depuis son arrestation. Comme je l'ai dit à M. Atthalin, j'aime davantage encore Morès malheureux qu'heureux.

« Mais je suis loin de partager toutes ses idées et ses tendances irréfléchies.

« Je suis socialiste antisémite, mais libéral, partisan de la réintégration des Sœurs dans les hôpitaux et avant tout ennemi de la violence.

« Le but de mes efforts était d'arriver à une entente entre le Général Boulanger et M. de Morès : j'ai échoué à cause de ses relations avec M. Drumont, auquel le général ne peut pardonner ses attaques.

« Ce que je tiens bien qu'on sache, c'est que je ne suis nullement révolutionnaire, essentiellement libéral et modéré : aussi, ne puis-je voir dans mon arrestation qu'une manœuvre gouvernementale, pour me nuire auprès des électeurs du quartier du Val-de-Grâce.

« Des journaux, le *Paris* et la *Lanterne*, ont prétendu qu'on avait saisi chez moi des paquets de libelles anarchistes. C'est une erreur matérielle contre laquelle je vous prie de protester vivement.

— Croyez-vous à la véracité des accusations portées contre M. le marquis de Morès.

— Jamais de la vie ; ces accusations sont monstrueuses, et il est particulièrement odieux d'accuser M. de Morès qui est officier de réserve, de *provocation à des militaires*.

« M. de Morès est le type du gentilhomme, du grand seigneur, qui s'est consacré avec une bonne foi absolue à la cause ouvrière, dépensant largement à cette œuvre toutes ses forces et sa fortune.

« Il n'a qu'un tort, c'est d'avoir trop d'illusion et trop de confiance dans certains agents subalternes dont il méconnaissait les affiliations et le véritable but, et qui le *roulaient* tout en le compromettant.

« Caractère généreux, enthousiaste, mieux que d'autres, il a pu être trompé, mais toujours il a été d'une loyauté à toute épreuve et d'une bonne foi hors de soupçon. »

Sur ces mots, nous prenons congé de M. Mordacq, en le remerciant de ses intéressants détails.

F. G. B.

*
* *

Le 5 Juin, les journaux le *Mot d'Ordre*, l'*Estafette*, la *Bataille*, le *Temps*, la *Petite République*, le *Radical*, le *Matin*, le *XIXe Siècle*, en relatant l'interrogatoire du procès Morès, citent cette question du président Toutée.

D. — La prévention vous reproche d'avoir, depuis votre rentrée en France, essayé par tous les moyens, d'attirer l'attention sur vous; c'est ainsi que vous vous êtes abouché avec Mordacq, un employé révoqué, et que, par son intermédiaire, vous auriez essayé d'embrigader des gens pour faire du tapage autour du Palais de Justice, à l'occasion du procès du duc d'Orléans.

La " *Lanterne* " raconte ainsi l'incident :

M. le président Toutée examine quel était l'entourage politique de M. de Morès. Le marquis se faisait escorter, à grands frais, d'une sorte de garde du corps, recrutée et commandée par un sieur Mordacq, employé révoqué.

Cela demande une réponse, je la fais catégorique : je n'ai jamais organisé de tapage en faveur du duc d'Orléans. Le nommé Toutée a été mal renseigné.

Et l'*Intransigeant*, de la façon suivante :

Vous avez cherché, depuis votre retour, tous les moyens de faire parler de vous et de faire du bruit. Vous avez embrigadé, dans ce but, toutes sortes d'individus. Vous connaissez un nommé Mordacq ?

R. — Oui, il est venu un jour me demander un secours.

D. — Et vous lui avez donné cinq cents francs, pour engager des camelots chargés de faire du tapage au Palais de Justice, le jour du procès du duc d'Orléans.

*
* *

Je proteste dans quatre journaux :

Je n'ai jamais sollicité ni touché personnellement de secours de M. de Morès dont j'étais simplement le collaborateur dans la lutte que je continue contre le malfaiteur Constans.

Ch. Mordacq.

(Intransigeant).

De bons petits camarades de journalisme, jaloux de mon indépendance et de mon honorabilité reconnue par mille électeurs du quartier que j'habite depuis dix ans, ne craignent pas d'émettre sur mon compte, au sujet de l'interrogatoire de Morès, par le sieur Toutée, des insinuations qui pourraient me porter un préjudice grave s'il n'était avéré qu'elles sont simplement le dernier écho de la campagne hypocrite menée contre ma candidature anti-constan-cynique. Veuillez insérer ceci : « Je n'ai jamais sollicité ni touché personnellement de secours de M. Morès », dont j'étais simplement le collaborateur dans la lutte que je continue contre le malfaiteur Constans.

« Veuillez agréer mes sincères salutations.

Ch. Mordacq.

Cocarde

Je n'ai jamais sollicité ni touché personnellement de secours de Morès, dont j'étais simplement le collaborateur dans la lutte que je continue contre le malfaiteur Constans.

Ch. Mordacq

Presse

Et enfin, par cette lettre adressée à tous les journaux :

Monsieur,

Je fais appel à votre loyauté pour signaler à l'opinion publique, l'injustice suivante, toute d'actualité.

M. Constans m'a fait arrêter la veille du 1er mai, sous l'inculpation de *provocation à des militaires !* (sic). Je suis d'une famille d'officiers et j'aime et respecte tout ce qui touche à l'armée.

Cette arrestation, après m'avoir enlevé toutes mes chances d'être élu aux élections municipales du Val-de-Grâce, me prive maintenant de tout moyen d'existence, car je passe pour un anarchiste.

J'aurais eu tout avantage à passer en jugement. Je me serais au moins justifié. N'est-ce pas pour moi le moment de demander aux journalistes, dignes de ce nom, ma complète réhabilitation. Si j'avais un journal à moi (cela viendra), je ne refuserais pas cela à un jeune confrère.

Agréez mes salutations,

CH. MORDACQ.

*
* *

On m'a fait observer que mes relations avec de Morès m'enlevaient mon caractère de boulangiste pur auquel je tenais et tiens absolument, aujourd'hui plus que jamais.

Le général était averti. J'avais cru devoir le faire par loyauté. Le 9 Avril, il m'écrivait ceci :

« Je n'ai en aucune façon à m'occuper de votre » situation près de M. de Morès. *Je ne connais pas* » *M. de Morès*, et je désire ignorer son existence tant » qu'il n'aura pas répudié la dédicace que lui a faite » Drumont, de son dernier livre. Je ne serais donc » pas éloigné de contribuer, de mon côté, à vous sou-

» tenir, pour vous prouver que je vous suis reconnais-
» sant du dévouement que vous avez toujours montré
» à ma cause et à ma personne... »

J'étais donc bien en règle et sans aucun scrupule, ayant agi des deux côtés, selon ma conscience, et cela sans froisser aucune susceptibilité, tenant la balance égale, ce qui n'était pas une petite affaire, entre des personnalités comme celles de Boulanger, de Morès, de Naquet, etc., véritables extrêmes, opposés de toutes les façons, par leurs idées, leurs tendances et leurs tempéraments, et qui, pour moi, représentaient simplement les généraux de différents corps d'armée qui devaient tous nous mener à l'assaut des *constan-cyniques* adversaires.

D'ailleurs, j'ai toujours préféré la grande route aux chemins de traverse, et, puisque je parle d'assaut, j'ajouterai qu'en bon Français, je préfère le combat en plein soleil, si banal qu'il soit, aux manœuvres de nuit, même les plus savantes. Simple affaire de tempérament.

*
* *

UNE ÉLECTION MUNICIPALE

—

Le 22 mars parut dans les journaux boulangistes la communication suivante :

Le Comité républicain national ne prendra aucune décision définitive concernant les élections municipales avant la réunion qui aura lieu prochainement à Jersey, sous la présidence du général Boulanger, chef du parti républicain national.

D'ici là, les démarches individuelles auxquelles peuvent se livrer les membres du Comité, usant en cela de leur droit d'initiative, en vue des élections municipales, ne sauraient engager qu'eux-mêmes, et nullement le Comité.

Beaucoup d'esprits clairvoyants blâmaient cette ridicule investiture dont j'allais subir les conséquences néfastes et Arthur Rollain, l'un des candidats indépendants du 5e arrondissement, écrivait avec raison dans un article plein d'un bon sens que les événements ont justifié :

Ce que je pense, moi, c'est que celui qui a conseillé à Boulanger de quitter la France, qui lui a fait faire le plébiscite des conseils généraux, qui l'a empêché de revenir en France au bon moment, qui lui a soufflé l'idée géniale de l'investiture : ce que je pense, c'est que celui-là est trop intelligent pour être traité d'imbécile, mais trop percé à jour pour ne pas être qualifié de traitre.

Ce que nous demandions c'est que le Comité National se tint neutre partout, comme il l'a fait dans le quartier du Val-de-Grâce où les électeurs ont librement et sans pression acclamé le nom de Mordacq. On ne nous a pas suivi sur ce terrain.

Rollain ne se trompait que sur un point : la neutralité du parti national dans mon élection.

Mon comité la demandait d'une façon absolue. On répondit par une double investiture qui dérouta complètement les voix révisionnistes.

***

Voici quelques documents concernant l'élection du Val-de-Grâce (côté révisionniste) :

Mes chers Concitoyens du Val-de-Grace,

Le Comité National, sur la demande du comité qui patronne ma candidature, a décidé de s'en rapporter, au premier tour, au choix des électeurs entre les deux concurrents révisionnistes.

Il était de mon devoir de ne pas m'opposer à cette décision.

Il s'est inspiré en cette occasion, des sentiments démocratiques qui sont la base du Suffrage Universel, persuadé qu'il n'y aurait de cette façon aucune objection possible contre une investiture qu'il croit inopportune.

Je m'incline respectueusement devant la décision de mon comité, devant celle du Comité national, et j'attends avec confiance le verdict souverain des électeurs.

Charles MORDACQ.
Candidat du Parti National.
Ex-fonctionnaire de la Ville,
Président du Syndicat des Révoqués.

***

Le Comité républicain socialiste national révisionniste du quartier du Val-de-Grâce, a adressé la circulaire suivante à tous les électeurs du quartier :

Un groupe d'électeurs de la deuxième circonscription du Ve arrondissement, a décidé de porter comme candidat aux prochaines élections municipales, un des plus fidèles combattants de la cause révisionniste.

Vous avez pu, d'ailleurs, apprécier par vous-même, dans les réunions, lors de la dernière élection législative, son énergie, son activité, sa facilité d'élocution et son caractère sérieux et pratique.

Ces qualités sont indispensables à un bon conseiller municipal.

Il s'agit de M. CHARLES MORDACQ, fonctionnaire révoqué de la Préfecture de la Seine, depuis le mois d'août, et que ses camarades, réunis en syndicat, n'ont pas hésité à mettre à leur tête en lui confiant le soin de faire valoir leurs justes revendications.

Habitant le quartier depuis plus de 10 ans, sans interruption, il en connaît les besoins et les aspirations.

Entré brillamment au concours de 1883 dans l'administration, il en a étudié les détails, constaté les abus et appris les moyens de lutter efficacement contre cette routine si préjudiciable à nos intérêts.

Attaché au Secrétariat à l'Hôtel-de-Ville, il a pu, pendant DEUX ANNÉES *entières, au pied même de la tribune du Conseil municipal,* se faire une idée exacte et raisonnée des débats de cette assemblée.

Nous aurons en lui un Conseiller d'affaires connaissant bien son métier et qui voudra aboutir plutôt qu'un politicien phraseur, dont les propositions resteraient dans les cartons administratifs.

Sa sympathie personnelle pour le général Boulanger et son dévouement maintes fois prouvé le dispensent d'une longue profession de foi politique.

Nous pouvons dire, néanmoins, qu'il se présentera comme républicain socialiste révisionniste, partisan de l'autonomie communale.

son passé politique, sans compromission, ne pouvant être exploité par ses adversaires, son honorabilité au-dessus de toute atteinte, ses qualités techniques et administratives le désignent d'avance à vos suffrages.

Il nous a déclaré se tenir à la disposition des électeurs qui, dès aujourd'hui, voudront l'entretenir, soit particulièrement au siège du Comité, 29, rue Tournefort, soit en réunion publique, des questions d'intérêt local.

Dans l'espoir que, partageant notre manière de voir, vous voudrez bien vous joindre à nous pour soutenir la candidature du citoyen CHARLES MORDACQ, nous vous prions d'agréer, Monsieur et cher Concitoyen, nos fraternelles salutations.

Pour le Comité républicain socialiste national :

Gabriel DIDIER, homme de lettres, 29, rue Tournefort; — J. PAYEN, auteur dramatique; — WATTEAU, pharmacien, 26, rue d'Ulm; — FOURREAU, boutonnier, 13, rue du Pot-de-Fer; — ANTONIO, étudiant en droit, 58, rue Gay-Lussac; — Jean CHASTAN, tapissier, 126, rue Mouffetard; — JOUDOUX, rentier, 19, rue Mouffetard; — Georges BONNOT, publiciste, 55, rue Claude-Bernard; — GASCHE, employé d'octroi, 29, rue Tournefort; — VITAL-RAPOT, journalier, 16, rue du Pot-de-Fer; — BASTIANELLI, fonctionnaire révoqué, 1, rue des Fossés-Saint-Jacques; — Philippe STIF, journalier, 15, rue des Lyonnais; — Hippolyte MADURAUD, 75, rue Claude-Bernard.

La lettre suivante a été adressée au Comité Républicain National :

Paris, 28 avril 1890.

Monsieur le Vice-Président,

Je vous prie de bien vouloir m'excuser de ne pouvoir me rendre ce matin à votre convocation. Je suis dans l'impossibilité absolue de me trouver à 9 heures 1/2, 46, rue de l'Arbre-Sec.

Dans tous les cas, j'accepte d'avance la décision que vous allez prendre.

Il est bien entendu que je me désiste en faveur du citoyen MORDACQ, que j'autorise à faire usage de mon nom, comme il l'entendra, dans *l'intérêt de sa candidature.* Je m'emploierai de plus, très activement, pour lui faire revenir non-seulement *les voix* qui se sont *portées sur moi au premier tour*, mais *celles qui se sont portées sur d'autres candidats.*

Veuillez agréer, etc.

G. LECOUTURIER,
326, rue Saint-Jacques.

***

AUX ÉLECTEURS RÉVISIONNISTES
DU VAL-DE-GRACE

—

« MES CHERS CONCITOYENS,

« Vous avez affirmé par 1,148 voix vos sympathies révisionnistes. Je vous en remercie et vous demande de propager, d'ici le deuxième tour, la conviction qui a guidé votre suffrage.

« Plus qué jamais je reste sur la brêche, et porterai haut et ferme, juqu'au bout, notre drapeau. Comptez sur moi.

« Les citoyens partisans des idées de travail, de modération et de tolérance religieuse, feront la distinction entre moi et les sectaires que nous avons trop ménagés, et qu'il est de votre devoir d'empêcher d'arriver, dimanche prochain, au Conseil municipal.

« Je connais mon quartier depuis longtemps, et suis certain des suffrages égarés au premier tour.

« C'est peut-être un malentendu entre vous et

celui qui, depuis un mois, s'efforçant de bannir la politique de cette élection, demande simplement à devenir le fonctionnaire dévoué de votre quartier, et rien que cela, pour arriver aux réformes véritables, et non pas à une révolution préméditée. Vous n'obtiendrez jamais ces réformes des radicaux, ni des opportunistes gouvernementaux.

» Charles MORDACQ,
Ex-fonctionnaire de la Ville,
Seul candidat du Comité national.

*
* *

COMITÉ RÉPUBLICAIN-SOCIALISTE-NATIONAL DU VAL-DE-GRACE
AUX ÉLECTEURS

Charles MORDACQ

Né le 10 mars 1861, fils et frère d'officiers, révoqué l'an dernier pour boulangisme, après avoir passé sept années dans divers services de la Ville, écrivain et orateur de talent, le citoyen Charles MORDACQ est l'un des candidats du parti révisionniste qui offrent le plus de garanties aux électeurs.

Attaché au secrétariat général de l'Hôtel-de-Ville, où sont centralisés tous les services, il a pu voir de près les tristes effets d'une routine administrative, dont il est l'ennemi acharné. Employé de l'ordonnancement et de la caisse municipale, il a été à même de constater l'utilité absolue des réformes budgétaires.

Au service de l'enseignement, il a acquis les connaissances spéciales aux intérêts scolaires du quartier.

Ardent défenseur de la cause des faibles contre les forts, des humbles contre les puissants, du petit commerce et de la petite industrie contre la voracité des grandes Compagnies, le citoyen Charles Mordacq se montrera également, au Conseil municipal, un sincère partisan de la tolérance religieuse et de la liberté de conscience, en même temps qu'un dévoué champion des intérêts de son quartier dont il connaît bien les besoins.

L'activité et l'énergie qu'il déploie depuis trois mois à la tête du *Syndicat des révoqués*, qui lui doit son organisation, sa force et la réhabilitation due à ces blessés de la bataille révisionniste, le recommandent chaleureusement aux suffrages de ses concitoyens.

Les électeurs du Val-de-Grâce ne sauraient faire un meilleur choix que celui de cet esprit droit, studieux, hardi, fortement attaché à ses opinions et courageusement fidèle à ses sympathies... Ils affirmeront, en le nommant, leur désir d'avoir un *Conseiller d'affaires*, dont la jeunesse et l'activité sont des qualités indispensables pour *obtenir* les réformes demandées.'

*
* *

ÉLECTIONS MUNICIPALES

DU 27 AVRIL 1890

Ve Arrondissement — Quartier du Val-de-Grâce

—

MES CHERS CONCITOYENS,

Ex-fonctionnaire de la préfecture de la Seine, où je suis entré au Concours de 1883, et après en avoir vu de près les différents services, jusqu'à celui du conseil municipal même, je me présente à vous avec quelque expérience des affaires de la Ville et ma bonne volonté sincère de vous en donner la preuve. Je vous demande de faire de moi le fonctionnaire dévoué de votre quartier, le défenseur de ses intérêts, que je connais bien depuis dix années que je l'habite.

J'ai l'intention de m'acquitter honnêtement de mon mandat. Cette simple affirmation me semble suffisante.

Voici le programme que j'ai accepté :

PARTIE POLITIQUE

La République inviolable

Révision de la Constitution de 1875 par une Constituante issue du suffrage universel ;

Referendum populaire pour l'acceptation de la Constitution nouvelle et pour les grandes lois politiques ;

Organisation de la République nationale sur les plus larges bases démocratiques, permettant l'accomplissement des réformes sociales qui tiennent aujourd'hui la première place dans les préoccupations de l'Europe :

Liberté de la presse, liberté de la parole, liberté de la pensée, liberté d'association, liberté de conscience.

Respect absolu du suffrage universel et de la souveraineté populaire ;

Annulation de l'inique sentence de la Haute-Cour sénatoriale ;

Economie et loyauté dans l'administration de la ville de Paris.

(Suivait le programme.)

Extrait d'une affiche apposée après mon arrestation :

Mes chers Concitoyens,

Il y a parmi vous des ennemis et des amis de M. Constans.

Je parle aux premiers, je refuse les suffrages des seconds.

Les électeurs du Val-de-Grâce choisiront entre celui qui a pour porte-drapeau le blessé de Champigny et ceux qui ont pour maître le dictateur vainqueur de la Madeleine.

A bas les sectaires ! A bas la dictature !

Vive la république ouverte !

Ch. MORDACQ,
Candidat d'intérêt local.

Cette affiche, jointe à une recrudescence d'espoir dans le retour du général que je manifestai d'une façon trop expansive éloigna de moi la partie hésitante des électeurs qui prirent ces déclarations pour celles d'un jeune, plus sectaire encore que les autres. C'était simplement le résultat d'une indignation bien légitime, d'une sympathie bien naturelle à l'égard de celui que je considère toujours comme le seul balayeur possible.

J'avais obtenu 657 voix au 1er tour. Je fus battu au 2e de la façon que voici :

VAL-DE-GRACE

MM.	Lampué, radical	2.094	ÉLU
	Pigeonneau, libéral	1.398	
	Mordacq, boulangiste investi ..	984	

Je fis apposer cette affiche :

MES CHERS CONCITOYENS,

Une élection, que je voulais faire sur le terrain absolument local, a été portée par mes ennemis sur le terrain politique.

Constans s'est moqué de Paris quand il nous a fait arrêter, Morès et moi, comme anarchistes, pillards, incendiaires et provocateurs de militaires.

Il sait que nous sommes *simplement* ses ennemis acharnés, socialistes sincères.

Constans s'est moqué de Paris le 1er mai, en réprimant une échauffourée dont ses agents devaient faire une émeute : je le sais.

Constans s'est moqué de Paris le 4 mai, en faisant passer pour une manœuvre électorale ce qui n'était pour nous qu'un immense espoir déçu. Paris n'a pas souffleté cet homme. Tant pis ! Constans va pouvoir continuer. La dictature est triomphante.

Pour ma part, au Val-de-Grâce, j'ai été trahi par

Lecouturier et le président de son comité, qui, malgré la parole donnée, la lettre écrite et la signature au Comité national ont trafiqué des voix révisionnistes en faveur de M. Pigeonneau. Je leur témoigne tout mon mépris.

Calomnié par d'autres plus méprisables encore, je n'ai pu obtenir que 981 voix contre le candidat officiel. Mais elles sont bien miennes et bien gagnées en dépit de tous les obstacles gouvernementaux et locaux. C'est une compensation à la tristesse éprouvée, non pas à la suite de mon échec, mais en présence des écœurements inattendus.

Je considère ces 981 électeurs comme des amis dévoués, constituant un redoutable comité de protestation pour le jour où je monterai de nouveau à l'assaut de l'innommable dictature.

Nous restons unis dans une même pensée. Je prie ces fidèles de me suivre du regard à partir d'aujourd'hui. Ils verront que je ne démérite pas.

Je reste l'arme au bras et baïonnette au canon près du poste qu'ils m'ont confié.

Vive la République nationale !

A bas la dictature !

A bientôt !

Ch. MORDACQ.

***

Cette élection avait été, à peu de choses près, le prototype de toutes celles des autres quartiers.

Je m'étais heurté comme tous mes co-investis à une pression officielle des plus caractérisées. Tout avait marché contre nous, jusqu'aux rouages des bureaux de bienfaisance. L'immixtion hypocrite de l'Union libérale avait dans maint endroit aidé puissamment nos adversaires directs. Tous les moyens les plus mesquins avaient été utilisés, depuis les affiches sur papier blanc jusqu'aux petits abus qui motivaient des lettres comme celles-ci :

Monsieur Ch. Mordacq,

Je proteste contre le sans-gêne de Monsieur Lampué qui, sans me demander avis, fait figurer mon nom, sur ses affiches électorales.

Veuillez agréer, mes salutations.

CADOT
30, rue Gay-Lussac

Jusqu'à la propagation de notes dans ce goût :

(Ne votez pas pour M. Mordacq !)

Toute voix donnée à M. Mordacq serait une voix perdue, puisqu'il n'a aucune chance de succès.

Tous ceux qui veulent protester contre l'intolérance sectaire du Conseil municipal; contre la laïcisation stupide des hôpitaux, contre le gaspillage insensé de notre argent, contre la politiquaillerie à l'Hôtel de Ville, tous ceux-là doivent voter pour

EDMOND PIGEONNEAU

qui peut seul battre le candidat autonomiste.

(*Paris Electoral*, 1 mai).

*
* *

Mais comme me le disait mon président de comité, mes 981 voix qui n'étaient dues ni à la fraude, ni à une méprise, ni à la vénalité, me constituaient pour l'avenir un comité de protestation redoutable ; c'était une consolation.

J'avais traité dans une vingtaine de réunions, les questions locales et techniques intéressant les petits commerçants. Cette besogne m'avait été rendue difficultueuse par l'hostilité de certains membres d'une ligue intitulée : *Ligue syndicale pour la défense des intérêts du commerce et de l'industrie*, qui, malgré leurs protestations contre l'ingérence chez eux de toute question politique avaient soutenu dans tout Paris les candidatures opportunistes. Une question spéciale m'avait paru digne d'attention, je l'indiquai dans l'article suivant puis, la développai devant les petits commerçants dont elle reçut la complète approbation :

SIMPLE RÉFLEXION

« Parmi les nombreuses réformes concernant les intérêts du petit commerçant, telles que la loi des patentes, l'impôt proportionnel et progressif sur les loyers au-dessus de 1,000 fr., etc. il en est une qui s'impose immédiatement à la méditation des gens compétents en la matière ; et on ne saurait trop insister sur son importance, car elle vise les grands magasins. Il s'agit de la taxe proportionnelle progressive sur les commerçants exploitant un plus ou moins grand nombre de professions similaires.

» Il est incontestable que, dans cette question primordiale, nos adversaires opposeront tous leurs arguments, car elle bat en brèche des intérêts majeurs défendus avec une opiniâtreté qui n'a d'égale que leur mauvaise foi. Ils admettent, à la rigueur le principe de la patente par genre de commerce, celui de la patente sur la valeur locative dans les conditions équitables que nous préconisons; mais ils repoussent de toute leur énergie une proposition qui réduirait à néant, ils le sentent bien, l'écrasante supériorité des grands magasins qui ne veulent point se confiner dans une spécialité bien définie. Je veux parler de l'imposition par tête d'employé dans les conditions suivantes : un franc, par exemple (pour prendre une unité) par employé et pour un employé, deux francs par employé pour deux employés, et ainsi graduellement jusqu'à deux mille francs par employé pour deux mille employés.

» J'ai la conviction, que cette imposition, qui paraît exhorbitante au premier abord, semblera toute naturelle lorsqu'on aura sous les yeux le chiffre d'affaires d'une maison comme le « Louvre » entre autres, qui pour le rayon de cordonnerie paye une somme ridiculement minime, surtout si l'on considère que, entré au Louvre pour acheter une paire de bottines, on est généralement amené à acheter autre chose par la même occasion.

» Il existe incontestablement là une attraction qu'Emile Zola a fort bien définie dans son admirable livre « Au Bonheur des dames. » Or, à mon avis, cette attraction doit être imposée en dépit des paradoxes et des arguments sur la puissance et la supériorité des gros capitaux.

» Charles MORDACQ »

***

Il y eut d'autres causes d'insuccès. Je n'insiste pas sur les détails. Je donne simplement ceux-là comme absolument caractéristiques de toutes les élections parisiennes. Le vaste courant d'indifférence qui nous submerge actuellement commençait à se faire sentir.

Il emporta comme une immense épave, au flot descendant, notre espoir fondé sur l'honnêteté que je crois encore possible, en politique.

Le flot reviendra, c'est inéluctable.

Je souhaite qu'il ne rapporte pas, avant toute chose, la guerre et l'invasion.

Pauvre peuple de France à qui la saignée semble parfois nécessaire pour te rendre la vigueur perdue des anciennes qualités! Nous sommes heureusement là, les jeunes que l'existence facile n'a pas encore pourris. Nous t'attendons, République de nos rêves, dont nous essayons d'être les serviteurs fidèles et désintéressés.

Le 11 Avril, je recevais de Jersey une lettre contenant cette phrase : « Je ne saurais trop vous recom-
» mander de combattre avec acharnement la théorie
» Andrieux qui consisterait à faire du boulangisme
» sans Boulanger. »

J'ai fait mon élection sur cette base que j'approuvais. Elle possède encore mon approbation.

Le 3 Juillet, le Général me dit : « Je sais que votre
» dévouement est sincère, je ne vous oublierai pas. »

Ni moi non plus, mon général. Je n'ai pas l'habitude de trahir mes amis, ni de renier mes sympathies.

En mai, j'avais essayé de fonder, *malgré* ceux qui n'avaient pas honte de mettre bas les armes, *la Ligue Nationale*, dont j'envoyai le programme suivant aux comités.

Programme de la Ligue

La Ligue n'a pas de statuts. Le programme suivant en tient lieu.

La Ligue Nationale a pour but l'avènement de la République nationale, c'est-à-dire le renversement et le châtiment des politiciens qui déshonorent la France et dilapident les finances publiques.

Elle admet pour moyens la parole dans les réunions, la propagande individuelle, l'affirmation officielle de l'existence du Parti dans les manifestations et, en général, toutes les occasions honnêtes et légales d'arriver au but. Il n'existe ni Président, ni Bureau. Vingt délégués d'arrondissement comprenant :

1° Les membres fondateurs ;

2° Les membres nommés par ces délégués.

Constituent l'unique direction, absolument responsable et rigoureusement autocratique

Il existe 80 délégués de quartier.

La Ligue, destinée à grouper exclusivement les électeurs sur un programme, n'admet pas l'ingérence des sénateurs, députés ou conseillers municipaux.

Je réunis une centaine d'adhérents et fis quelques conférences de propagande, mais peu secondé et, manquant des fonds nécessaires, pour une bonne publicité, je renonçai à cette idée. Elle a été reprise mais je tiens à en revendiquer l'initiative.

Comme épilogue, je cite cette lettre que m'écrit Millevoye, un de ceux que j'estime le plus dans le parti :

« Mon cher Mordacq,

« Quand nous serons sortis de cette tourmente » passagère, vous répondrez comme Siéyès, à ceux qui » lui demandaient ce qu'il avait fait sous la terreur : » J'ai vécu. Il s'agit, pour les meurtris de la politique, » de vivre. »

Je vais essayer, en attendant la revanche inéluctable du bon sens et de la Justice.

Ch. MORDACQ.

* * *

POST-SCRIPTUM

Cette brochure était sous presse, lorsque ces « filles publiques », qu'on appelle les journalistes gouvernementaux, profitant d'un moment de résurrection bien étonnant chez des cadavres aussi décomposés que les nôtres, se sont mis à baver de nouveau leur venin ministériel sur ce qu'ils appellent la bande boulangiste, oubliant ou faisant plutôt semblant d'oublier que cette bande fut la nation tout entière, avant que les fonds secrets eussent retourné l'opinion publique trop mobile, hélas, dans ce malheureux pays des engouements faciles et des découragements inexplicables.

Voyons, Messieurs, pour être vendus, vous n'en êtes pas moins intelligents. Le premier qualificatif est même, dit-on, dans votre journalisme à vous, la conséquence forcée du deuxième.

Vous comprenez, n'est-ce-pas, que vous avez mal servi votre maître, serviteurs étourdis à qui, d'ailleurs, l'on avait oublié de donner le mot d'ordre de Toulouse où les acclamations troublent l'esprit. Vous avez fait trop de publicité, croyez-le bien, à ce fait maintenant très avéré : le refus du général de se prêter à un coup d'état.

En France, au milieu de nombreux défauts, l'électeur possède une qualité sans laquelle le suffrage universel serait une utopie ; il aime les idées simples.

L'indifférence actuelle pour toute grande réforme radicale provient de ce que la politique est trop compliquée.

Une fois déjà, les électeurs avaient compris. On criait : A bas les voleurs ! On le criait trop fort, à mon avis, car ce n'est pas ainsi que l'on constate efficacement un flagrant délit. Les voleurs prirent leurs précautions et retournèrent le mot contre ceux qui l'avaient lancé. La *basse-cour* fut complice des pick-pockets. Le tour était joué.

On criait donc : A bas les voleurs et on ajoutait : Vive Boulanger !

C'était une situation nette, cela.

Vous avez créé l'imbroglio pour dissiper cette terrible armée de 244,000 hommes qui menaçait vos situations acquises et qui allait, pauvres rats de la fable, couper en deux votre fromage de Hollande parlementaire.

Aujourd'hui, vous avez laissé, petit à petit, l'eau jadis trouble, se clarifier. De plus en plus, nous distinguons le fond.

Décidément, ce n'est pas adroit. On ne peut penser a tout. n'est-ce pas ?

Vous disiez l'autre jour, Monsieur du " *Temps* " : Les « coulisses du boulangisme » vont également fixer la religion de quelques naïfs. — Moi, je vous réponds : C'est fait.

Cette religion s'appelle patriotisme.

Ces naïfs, ce sont les honnêtes gens qui voient clair à travers les perfidies mal calculées des articles à sensation, payés sur la cassette de M. Constans, dans les journaux à tout faire.

Pour ma part, je deviendrais boulangiste dès aujourd'hui, si je ne l'avais jamais été. Voici pourquoi : Je ne suis atteint ni de *patriotisme aigu*, ni de *j'm'en-foutisme*, ni de cette maladie qui consiste à reconnaitre d'une façon *opportune*, des erreurs passées.

Mais je viens de faire une constatation. C'est que l'homme condamné pour avoir préparé, voulu, essayé le coup d'état, était le seul qui l'eût empêché.

Je m'en doutais un peu, car je tenais d'une personne autorisée le renseignement suivant dont elle m'affirma l'authenticité : Le 27 janvier, le gouverneur de Paris avait dit textuellement : Tous les colonels de Paris marcheront avec Boulanger. Nous sommes f...us.

On avait rapporté le mot au général qui... resta au café Durand.

Huit jours après, les colonels s'étaient *ressaisis*, ajoute la même personne ; et je comprends cela.

Découragée de ne pas entendre la sonnerie de l'assaut, la grande muette avait rengainé, sans murmurer, son épée vierge des souillures de la guerre civile.

Boulanger pensa peut-être avec raison que c'était trop beau, l'épée, pour cette besogne.

Le balai, voilà le seul instrument possible, il s'agit de le placer dans la main robuste de M. Populo.

La confianceque je n'avais jamais perdue, est désormais inébranlable ; *quel que soit le balai*, vous serez balayé. Ce jour-là, je vous promets d'avoir un point de ressemblance avec vous, Messieurs les publicistes vendus. Je me mettrai du côté du manche.

Le général a dit dans une lettre récente : « La sagesse d'un général est de n'accepter le combat que lorsqu'il sait avoir l'avantage sur l'ennemi. »

Je répète avec lui. « C'est ce moment que j'attends avec patience et confiance. »

Pour finir, un mot d'explication aux braves lecteurs

paisibles et circonspects qui pourraient me prendre pour un sectaire.

Cette précaution n'est pas inutile; j'ai déjà été pris pour anarchiste. Tout arrive avec l'as...socié de Puyg y Puyg et de Richaud.

Je tiens à justifier, en quelques lignes, mon antipathie à l'égard de Constans, en dehors de toute question de parti. Je n'admets pas qu'un pays honnête, respectable et qui devrait être respecté, soit représenté, dans n'importe quelle occasion, par un homme taré, dont l'intelligence des affaires est aussi indiscutable que celle du premier homme d'affaires venu, quand il a réussi, mais dont l'immoralité est reconnue par ses amis eux-mêmes.

Je connais des gens qui ont suivi ce malfaiteur depuis ses débuts à Toulouse. Il y a, dans la vie de cet homme, des faits malpropres. C'est avéré, presque avoué. Le qualificatif que j'emploie est très indulgent. Il est des accusations impossibles à prononcer. Si j'étais ceux qui ont des preuves en main (et j'en connais), je n'hésiterais pas un seul instant. Ce serait au péril de ma vie, mais je dévoilerais le personnage.

C'est une simple question de salubrité publique. Cela devrait ressortir du service des égoûts (curage et assainissement). Monsieur Constans a essayé deux ou trois fois de me faire déshonorer par ses policiers. Une seule me suffirait, à moi, pour le livrer au mépris même des indifférents.

Comme je l'ai dit à mes électeurs en leur donnant le prochain rendez-vous pour un autre assaut, je n'ai pas prononcé mon dernier mot. Quand on n'a pas encore trente ans, il y a de la marge. Je reste en politique ce que j'étais : républicain-socialiste patriote. Républicain, parce que j'ai été élevé par la République que je considère, jusqu'à preuve du contraire, comme le meilleur idéal de gouvernement, et socialiste, parce que je suis du côté de ceux qui meurent de faim contre ceux qui mangent trop.

Pauvre ou riche, je resterai fidèle à mes convictions.

Patriote, je suis d'avis qu'il faut *y penser toujours*, et ne pas le crier à tout propos.

Puisque la nécessité fatale de la guerre veut que des hommes faits pour s'aimer, s'entretuent périodiquement, j'estime que, pour faire tuer proprement et en vue d'un meilleur résultat, notre petit pioupiou français, on doit lui faire crier au moment de la charge suprême : Vive quelque chose ! ou vive quelqu'un !

Vive quelque chose ? — Vive la France ! Nous l'admettons tous. Vive quelqu'un ? — Je ne vois que Boulanger.

Politicien d'hier, je suis d'avis que l'on peut rester propre en faisant de la politique.

Je n'ai qu'une qualité, celle de M. Constans : la tenacité.

J'espère qu'elle me servira pour être utile à mes concitoyens dans la mesure de mes moyens.

Villa Murat, Royat.

⁂

Clermont. — Typ. et Lith. A. Richet.

Chez tous les Libraires et Mds de Journaux

LES

RÉCITS PATRIOTIQUES
ET SOCIALISTES

DE

CHARLES MORDACQ

BAUDOT, ÉDITEUR, RUE DOMAT — PARIS

POUR PARAITRE PROCHAINEMENT

DU MÊME AUTEUR

FLEURS DE PARESSE

Nouvelles inédites

FAIRE VITE ET BIEN